김 현 철 시집

남한산성 방랑객 시선 10집

뜨락에 핀 민들레

도서출판 동 강

〈서 언〉

척박한 땅에서도 뿌리를 내리고
민들레 홀씨 되어 바람에 실려
새 삶의 터전 일구어 가듯
남한산성 방랑객의 시선도 어느덧 10집이 되어
지인들을 통해 전국으로 배달된다.

처음 약속처럼 1년에 한권씩 10집까지
시집을 내겠다고 마음먹고 전국을 여행하며
보고, 듣고, 느끼며 한수, 한수 써내려 온 것이
어느덧 그 결실을 맞이했다

한권의 시집이 되기까지 늘 미완성의 작품들
휴지통 들락거리며 밤새운 지난날 ……
재경장기산악회, 재경동지 산악회 지인들이 있어
가능 했으리라 생각하며 감사드리고 싶다

자연은 천의 얼굴을 가졌기에 시시각각 느끼는
감성들, 같은 산을 가더라도 그 느낌은 매번
다른 것이 산을 찾는 매력이 아닐 지요

시인이 된다는 것도 어쩜 질기다. 질긴 민들레의
삶처럼 그렇게 살아왔는지 모르겠다.

앞으로도 20집 아니 50집이 될지라도……

새롭게 변모해가는 모습들은
다음 11집부터 엮어갈 것을 약속드리며
그동안 읽어주신 독자들께 진심으로 머리 숙여
감사드리고 싶다

필자 남한산성 방랑객
거암 김 현 철

뜨락에 핀 민들레

바람아!
너는 휑하니 왔다 가지만
난 밤이면 밤마다
별을 헤며 너를 기다린다

뜨락에 핀
민들레가 그렇고
제비꽃이 그렇다

기다림이 무엇인지
아픔 이겨내며
참아온 삶의 흔적

스쳐지나간 인연일까
선혈을 토해내듯
빛과 어둠의 시간

짓밟히고 뭉개져도
질기디. 질긴 생명력하나
뜨락에 핀 민들레여!

▶**표지의 말 : 척박한 땅, 갖은 계절의 수난사**
그 속에 살아남은 끈질긴 생명력이 잉태를 꿈꾼다.

목 차

제1부 처서

제2부 하늘재의 그리움

제3부 남한산성의 봄

제4부 너와나의 고향

제1부
처서

2017년 10월 재경동지산악회 정기산행
(강원도 인재 방태산)

처서

풀꽃이 피었다
책갈피 속에 숨어
지난 추억 이야기하고

부서지고 허물어진
담장 속 생명들도
지친육신 깨운다

하늘에 놓아버린
추억담긴 작은 손
가을 햇살 그리워

귀뚜라미도 여치도
또르르 또르르
가을을 노래한다

꿈길

현실과 이상도
우여곡절 겪었기에
내일을 꿈꾸고

새로운 삶이 있기에
희망을 이야기하고
꿈을 꾼다

오가는 계절에
대본 없는 주인공 되어
영혼을 깨워보지만

이정표 없는 길
길은 언제나
새로운 길 열어간다

바람의 길

나뭇가지 흔들리면
대나무 숲속 찾아
바람소리 듣고

지난추억 그리워
풀벌레 소리에도
귀 기우려 본다

아득히 먼 날
다들 떠나간 자리
덩그러니 남은 추억

산사 풍경소리에도
마음의 언어로
바람에게 길을 묻고

그리움 밀려오면
길동무 찾아
바람길 따라 간다

그리움(1)

머물지 못하고
비를 맞으며 걸어도
지울 수 없는 마음

굽이굽이 오솔길 따라
개울건너 오가던
뒷동산에 심은 추억들

비바람 불어도
한곳에 머물지 못하고
되새김질 한다

떠나버린 소꿉친구도
무너진 돌담도
그리움만 남겨놓고

다들 떠나간 빈자리
잊혀진 그림자위에
마음하나 심어본다

해바라기처럼

인생 뭐 별것 있겠소.
다들 그만, 그만 살다
단풍들면 떨어지지요

그래도 한곳 바라보며
함께 갈 수 있다면
만족한 인생 아니겠소

눈을 뜨면 동녘바라보고
당신 곁에 머물 수 있다면
지는 노을이면 어떠리오

한번뿐인 인생
이제는 다 내려놓고
해바라기처럼 살 수 있다면……

잊힌 계절에

갈바람이 안내하고
난 말없이 비탈길을
미끄러지듯 오른다

누군가 나를 알지만
난 기억에도 잊혀진
멀어져간 시간들

저녁노을이 지듯
붉게 타들어가도
식을 줄 모르는 세월

긴 긴 시간도
낙엽 속에 묻어버리고
망각의 시간에 빠졌나

가벼운 몸짓이라면
훨훨 날아
머물 수 없는 곳으로 가련만

삼청첩의 고죽枯竹

고난 속에 핀 꽃
칼날에 맞선 붓의 힘
삼청첩의 숨은 그림

매, 죽, 난
혹세무민하는 인간 앞에
서민들의 기상

삼청첩의 마지막 고죽
말라버린 줄기의 생동감
그 속에 숨은 본질

내가 할 수 없어
민초가 되었다만
이정이 나를 깨우네

*삼청첩 : 조선중기 문인, 화가인 탄은 이정이 매화, 난초, 대나무를 그리고 시를 지어 함께 장첩한 시화첩

물의 여정

언제나 낮은 곳으로
흐르고 나누는
어머니 품과 같은 것

여울만나 소를 이루고
폭포가 되어 떨어져도
하천만나 바다로 간다

침식과 퇴적 속에
뭇 생명들 키우는
삶의 터전

가다가다 지치면
고향 찾는 마음으로
소를 만나 쉬어가련만

물은 생명의 젖줄
물의 여정도
우리네 인생이라오.

목소리 들리면

먼 날의 꿈을 꾸며
목 놓아 부르던
추억어린 그곳

너의 목소리 쫓아
산모퉁이 돌고 돌아
갈바람이 안내한다

푸르른 새싹도
어느덧 먼 길 돌아와
부여잡은 손

꽃보다 더 고운자태
가을이 가기 전에
못 다한 이야기

사랑한다고
사랑했었다고
못 다한 얘기 전해보리

귀뚜라미 우는 밤

푸른 하늘
코스모스 일렁이고
선선한 바람은
가을 길을 열어

먼 길 돌아온 육신도
귀뚜라미소리 들으며
가을밤을 노래한다

성내천 소리길 걷다보면
별도 달도 숨죽인
길 잃은 철새 한 마리

무슨 아픔 있기에
떠나지 못하는 사연
먹구름이 다가온다

귀뚜라미 우는 밤
가을이 가기 전에
사랑할 수 있으려나?

이 가을에

색소폰 선율타고
비 내리는 거리도
세월 속에 젖어들고

길섶 풀벌레 소리도
낙엽 쌓이기 전에
마음하나 적어본다

수줍게 핀 물봉선화
꽃은 시들지만
단풍은 변함없으리라

밤이면 밤마다
그리울 땐 하늘보고
달님에게 물어 본다

갈바람의 쓸쓸함도
불타는 마지막 정열
이 가을에 맺으리라

인생나이 가을(1)

인생의 여정도
어느덧 가을의 문턱
이제 인생을 논하고 싶다

보고, 듣고, 느끼며
삶의 진미를 알기에
언젠가 내려놓아야한다

삶이 다 그러하듯
아픔이기고 혹서기 지나니
영광의 벌래먹은 잎사귀

한생명의 여정도
살아온 삶의 이력서
우리네 자화상 아닐지

친구야!
이제 남은인생 즐기자
인생나이 가을에……

가을 들녘

개울물 소리 들리는가?
골골 아이들의 웃음소리
갈바람에 밀려나고

푸르디푸른 잎사귀도
한 시절 한때 추억들이
서서히 물들어 간다

가뭄과 혹서기
살아남은 텃밭에도
가을 햇살에 영글고

인생나이 가을
막걸리 한 사발에
석양마저 붉게 물들어 가네.

어느 가을날

길을 걷는다.
개울도 건너고
신작로 코스모스 만나고

길 위에 만난 사람들
추억남긴 오솔길에
가을을 노래한다

연어가 회귀하듯
추억의 그길로
친구들과 얘기 나누고

나이를 잊은 채
철없던 시절로 돌아가
생각 없이 걷고 싶다

너와나 꿈이 머문
추억의 동산에
그리움만 쌓여가네

가을 밤

소리가 들린다
벌레 먹은 잎사귀 밟으며
아무 생각 없이 걷고 싶다

달도 별도 잠든
칠흑 같은 어둠속에
요정들의 흐느낌들

앞서간 선열의 길
누군가 남긴 추억도
지워져 버린 공간

눈뜬 장님마냥
먼 하늘 보며 걷고
또 걸어 봐도

쓸쓸한 가을 밤
새날은 밝아 올지
가을밤에 꿈을 꾼다

망각의 창

육십갑자 한바퀴
쉼 없이 달리고 달려
여기까지 왔네

이제 남은 한바퀴
살아온 경륜 앞세워
여유롭게 살아갈지

길은 늘 새로운 길
추억에 목말라
돌아보면 지워진 길

자유를 누리고
행복해지고 싶다면
망각의 창을 두드려라

잊은 것이 아니라
깨우쳐 가는 것
한평생 살아온 경륜

삶의 두 얼굴

무거운 발걸음
걷다, 걷다 지친육신
마음까지 무겁다

한 끼의 음식
내일의 행복위해
육신은 노동을 강요 한다

한 가닥 희망
오늘보다는 내일이
내일보다는 더 나은 하루

삶은 나를 속일지라도
가지 못한 길의 미련도
삶은 언제나 그런 것

육체적 고통도
정신적 고뇌의 무지도
다 부질없는 욕심인 것을……

하늘공원

골 골, 산 산
골은 골이요
산은 산이 로다

맑은 물과 바람
천의 얼굴은
하늘공원 연출하고

비바람이 훑고 간
몸부림의 흔적들
자연은 늘 구도자

말없이 한곳 지키며
군락 이루어 살아가는
자연은 나의 참 스승

나누고 배려하며
작은 것에 감사하며
쉼 없이 다듬어 간다

왕피천의 황어

먼 길 힘든 여정
잊지 않고 찾아준
황어들의 고향나들이

그해 여름은 혹독했다
가뭄에 타들어가는
생명의 젖줄 왕피천

저마다 혼 인색 무늬
일정에 쫓긴 의식행위들
은어가 그렇고 황어가 그렇다

고향을 지킨 동사리, 꺽지
마음 조린 시간
힘들면 용소만나 쉬어가련만

왕피천 물의 여정도
뭇 생명들의 삶의 터전
오늘도 이 밤을 깨우네.

길

네가 가고 내가간 길
흔적위에 새긴
시공간의 흔적들

내가 걸어간 길
길은 역사를 남겼고
이야기를 만들었다

길과 길을 연결하고
지워지기 전에 추억하나
남겨두고 가려니

길의 여정이 그러하듯
남겨진 흔적위에 덧칠하고
또 다른 길을 만들어

후회의 상처 남길지라도
누군가 그 흔적위에
새로운 문화 만들어 가렴

좁은 문

무아지경의 세상
아무도 찾는 이 없는
어둡고 좁은 공간

벽과 벽
나눔도, 대화도 없는
혼자만의 세상

가진 것도, 비울 것도 없는
누군가 알아주지도 않는
망각의 시간

그림자 없는 좁은 문
소리 질러도 들을 수 없는
한 평 남짓 독방

추억도 벗어 던지고
누더기 옷 한 벌
아쉬운 피안의 땅

그리운 밤

촉촉이 젖은 이슬
내 몸 하나 비출 수 없어
돌아선 그림자여

갈바람 불어와
마음하나 떨어져 내리면
외로운 나목의 여인

선홍빛의 선혈도
사각 되는 갈대도
허전한 밤바람

떠나버린 빈 둥지
쌀쌀한 밤하늘 엔
어둠속에 빛이 되려는지

풀벌레 소리만이
깊어가는 가을밤
쓸쓸함 달래 주려나

당신 있어 행복했소

꽃잎은 시들어도 다시 피어나지만
인생은 한번가면 돌아올 수 없기에
당신이 더욱 그리워집니다

멀지도 않는 가까운 거리
마음의 벽에 갇혀
꺼내지 못하는 벙어리 냉가슴

바라만 볼 수 있다면 좋으련만
늘 미련만 남겨두고
인생나이 가을 맞았다

같이 할 수 없다지만
먼 산 바라보며
하늘에 그리움 전해보네

한생의 끝자락
영원하길 바래봅니다
당신이 있어 행복했다고……

인생 넋두리

나 돌아갈래.
어딘지 모르지만
알 수 없는 그곳으로

민초의 심정 이러하리.
난들 욕심 없겠냐만
이제는 내려놓고 갈래

인생도 미완성이려니
완성이란 욕심도 내려놓으리.
인연의 미련만 남겨두고

낙엽 태운 가을산도
초연한 마음으로 바라보니
붉게 타는 심정이려니

속세에 맺은 인연
자신도 만족할 수 없는
작은 욕심에 무너지는 것을

여울진 고향

산 넘고 개울건너
첩첩산중 두메나 산골
순박한 아이들의 웃음소리

개울이 여울 만나듯
좁고 굽은 골목들이
집과 집을 연결 한다

장작 타는 매캐한 연기
홰치는 소리 정겨운
내가 자란 고향마을

호롱불 밝혀지면
부엉이 올빼미 울고
개 짖는 소리 들릴 뿐

당산나무아래 모이면
다들 한 가족 한 형제
그 누가 잊히리오.

길손에게 길을 물어

청명한 하늘
풍요로운 들녘
가을이 주는 행복

순간의 선택이 좌우하듯
만족도 행복도 마음이라
길손에게 묻는다

삶이 행복하다면 천당이요
불행하다면 지옥이려니
이 또한 마음

세월에 도전하지 마라
욕심내려놓고 바라보면
세상은 참 좋은 지상낙원

잠시 왔다 가는 속세
무슨 욕심 있겠냐만
마음속의 욕심이더라.

가을 하늘

최고, 최저 온도차만큼
푸른 하늘과 흰 뭉게구름
청명한 가을하늘

발길 닿는 곳마다
휘어지고 고개 숙인
가을들녘의 풍경

긴 긴 휴식 끝내고
이제 할 일이 생긴
색 바랜 허수아비

뚝뚝 떨어져 내리는 도토리
다람쥐 볼 깊이만큼
가을하늘도 빛이 난다

갈바람 찾아들면
언젠가 낙엽 떨어지면
내 마음도 쓸쓸하겠지

인생 이야기

이른 새벽
텃새들이 숲을 깨우고
숲은 새들의 공연장

늘 푸른 소나무도
한자리 차지하고
세월에 순응하며 살아간다

상수리며 버드나무도
꺾이고 잘려나간 자리
상처도 살아온 삶의 흔적

나무야, 나무야
피고 진 세월만큼
나이테하나 남겨놓고

백세인생의 주름도
소나무 골 깊이만큼
인생이야기 담겨있네

올 가을에는

소박한 꿈이 영글어
가지 끝이 휘어져 내린
풍요로운 이 가을

올 가을에는
올 가을에는 사랑할래.
낙엽 되어 떨어지기 전에

올 가을에는 사랑하고파
단풍이 붉게 물던 이유를
그 누가 헤아려 주리오.

붙잡아도, 부여잡은 손
하나 둘 떠나간 자리
쓸쓸함이 몰려오는지

이 밤이 지나면
당신에게 달려가리다.
가을이 가기 전에……

우리네 인생

각본 없는 무대
욕심내려 놓으면
정말 살기 좋은 세상

자존심에 목말라
마음을 지배하는 것은
욕망과 욕심뿐

스펙이 좋고
지식이 많아도
행복한 것은 아니다

돈이 행복은 아니기에
지식이 지혜로 스며들고
스펙이 밑거름이 된다면

젊은 시절의 꿈도
세월 앞에 인생도 촌음
우리가 살아가는 인생

길 위에 만난사람

사회적 동물
혼자 살수 없기에
그렇게 만나고 헤어졌다

우리네 삶이란
음식의 양념처럼
모여서 살아가는 것

마을을 이루고
함께 살아가지만
늘 5% 문제를 안고

같을 수 없기에
양보하고 배려하며
그렇게 살아간다

혈연과 지연이 아니라도
길 위에 만난사람
우리는 한 가족 한 형제

주식시장의 전광판

가격은 지불하는 것
가치는 얻는 것이라지만
무엇을 보고, 얻을 것인가

가치투자를 한다지만
소문에 오르락내리락
투자가 지나치면 투기

수요와 공급의 원리도
논리는 주관일 뿐
현실은 객관적인 것

본전 생각하지 말자
실천은 대응에 맞서고
갈 길은 멀고도 험하니

욕심내려놓고 바라보면
하루의 희희비비가
붉게 물들어 가는 것을

어떻게 생각하십니까?

촛불세력, 적폐청산
개혁을 한다는 것은
부정할 수 없는 명제

인기위주 정부정책
과하면 모자람보다 못하니
어떻게 볼 것인가

좋아져야 할 삶이
갈수록 더 어렵고 불안하다
경제가 그렇고 안보가 그렇다

한집 두목소리
불협화음도 갈수록 심화되고
사건사고도 끊임없다

한평생 저항만하다
꽃을 피웠건만
이제는 민초의 심정 알려나?

바람 같은 인생

홀로 가는 인생
늘 외롭고 쓸쓸한
바람 같은 인생여정

부족하기에 위로받고
기도해도 채워지지 않는
우리네 인생길

인연으로 만나
홀연히 바람처럼 떠나는
우리네 인생

죽음 앞에 서면
미련만 남겨두고
쉽게 떠나지 못하는 마음

소주잔 기울이며
석양에 타는 저녁노을
그립기만 하구려

추석날 아침

추억이 머물던 그곳
보고 싶은 얼굴
그리운 고향

가슴속에 남은 추억
곰삭은 어머니 손맛
소중한 시간들의 흔적

휘영청 떠오른 보름달
함께 둘러앉은 밥상머리
그래도 그때가 좋았다

별나라에 계신 부모님
보름달 바라보며
안부라도 묻고 싶다

마음속에 묻었지만
그리움이 낙엽 쌓이듯
그날의 고향언덕 기억하네.

한 치의 가슴에

세상은 넓고
할 일은 많다지만
다 마음속의 꿈

한 치의 크기 속에
세계를 품고
5대양을 품었다

우주속의 미아로 남을지언정
하늘과 땅 사이
마음속 거인의 꿈

푸르른 창공을 품은 뜻
뉘라서 말하리오.
욕망의 둑을 쌓고 쌓아

한 치의 가슴속이
물거품이 될지라도
가자, 가자 우주로……

해바라기

밤사이 몸단장하고
햇살이 깨우니
웃음으로 바라본 당신

빈 뜰 척박한 땅
우뚝 치솟은 키다리
도심 속 거대한 창작물

속세에 시달려도
변함없이 한곳 바라보는
당신은 이시대의 신사임당

흰 구름 가는 길

암흑의 세상도
계곡과 능선 지나면
새로운 길

인생길이 그렇듯이
힘겨운 암벽 지나면
길은 있을 터

최후의 한 점 위해
걸어온 힘겨운 시간들
당신이 있어 행복했네

언젠가 가야할 그곳
쉽지 않는 길이지만
가야할 길이라면 가야지

그날이 언제일지 모르나
바람이 불어오면
흰 구름 되어 가리다

인생나이 가을(2)

갈바람이 분다.
벌레 먹은 잎들도
속옷 갈아입고 떨어진다

맑은 창공 흰 구름
하늬바람에 떠돌다
가을 깊숙이 파고들고

칡넝쿨이 목을 잡아
휘어진 허리 드러내면
어디에서 쉬어갈지

낙엽 밟으며 걸어도
사각 되는 억새꽃이
남의일 아니런가

인생허물 풀어놓는
물레방아가 될지라도
인생나이 가을이기를……

허전한 한가위

달아달아
밝은 달아
이태백에 놀던 달아

시대가 변했고
세태가 변했다지만
문화까지 변했는지

뒷동산 보름달
추억의 그림자도
잡목으로 뒤덮이고

빈 대청마루에
보름달이 가득 채워도
쓸쓸함만 가득하구나.

대숲의 교훈

나무가 아니면서
나무로 살아가는
다년생 식물 대나무

낮이면 새들의 놀이터
밤이면 바람이 찾아와
하루일과 얘기 한다

뿌리는 뿌리로
한 몸으로 대숲 이루고
함께 살아가는 대나무

비워야 채워지는
자연의 진리를
대숲은 일깨워주네.

느림의 미학

너무 빨리 달려와
영혼은 지나치고
천국을 놓쳤다

산다는 것은
대나무속 비워야
부러지지 않듯

해가 거듭할수록
나이테하나 남기듯
그렇게 가을 맞았다만

어떻게 살고 죽느냐는
다 사람의 마음가짐
뒤늦게 깨우쳐주네!

꿈에 본 고향(1)

너울너울 춤을 추고
눈감으면 떠오르는
꿈속의 고향산천

달빛어린 산 너울
멀어져간 그 시절
추억들이 그립다

담장 넘어 채전 밭
아련한 추억의 냉장고
익어가는 고향의 맛

어머니의 자장가
그 누가 잊으랴
부엉이 우는 뒷동산을

황혼의 바램일지
그 시절 그 추억들이
아지랑이처럼 피어나네.

경전의 땅

경전의 가르침도
땅의 속성처럼
이치를 깨닫는 법도

어리석음도 습관
무지의 고통도
현실을 부정 하리오

생과 사의 참회도
지식의 뉘우침도
수행의 첫발

번뇌도 수행의 과정
인생도 죽음에 이르는
중생의 경전이려니

집착에서 벗어나면
자신을 볼 수 있는
참회의 눈물인 것을

인생 사계절

여린 새싹이 푸르고
단풍잎이 물들어 가면
한해를 마감하듯

새 생명의 탄생도
가뭄과 홍수의 시련도
성장위한 과정

떨어지는 낙엽도
겨울위한 갈무리
휴면의 시간

순백의 세상 맞으면
동지섣달 긴긴밤
왠지 외로울 것 같아

인생나이 가을 오면
쓸쓸함 감추려
꽃보다 단풍을 말하네.

인생길(1)

단풍이 떨어진다.
살다보니 욕망 때문에
삶도 고통이었네

성인이 되면서
선택한 인생길도
쉽지는 않았다

잘살고 못사는 것도
생각의 차이일 뿐
인생은 늘 외로워

인생 반 바퀴
정답은 없다지만
편안한 길만 선택했을지

순박했던 나를
세월은 강하게 만들었고
희망을 꿈꾸게 했네.

인생길(2)

인생이 뭐 별것 있나요
물이 흐르듯이
세월과 함께 흘러가는 것

흐르다 멈추면 쉬어가고
막히면 뚫어야 하니
인생도 그런 것 아니겠소

가지 많은 나무에
열매도 많이 달리듯
힘겨움도 있었을 터

이제 인생나이 가을
한번쯤 되돌아보며
잘 살아왔는지 거울한번 보고

남은 생은 경륜으로
새길 만들어 보지만
습관은 버릴 수가 없었네.

가을로 가는 길

여울물소리 숨을 죽이고
귀뚜라미 울음소리가
개울에서 노래한다.

높고 푸른 하늘
흰 뭉게구름 들녘 찾아
코스모스길 안내하고

땡볕에 익은 허수아비
허리가 휘어진 채
고개 숙인 들녘풍광

구릿빛 얼굴에
활짝 웃는 해바라기
한해의 주름살 남겨

한바탕 흘린 땀방울
아낙의 새참소리에
한 점 그늘도 무심하여라

낙락장송

삼천리금수강산
솔향기는 산하를 물들이고
바위는 산지기로 남았다

골골 능선마다
단풍잎으로 물들면
운무는 숨을 죽이고

흘러넘치는 물결도
여울지나 하천 만들어
바다로 가련만

기암절벽 풍월은
중천에 낮달보고 가라하니
잠시 쉬었다 간들

지켜온 자연의 섭리
하루아침에 버리겠소.
굳은 절개 지켜 가리다

*2017. 10 재경동지 산악회 정기산행지 인제 방태산에서

민초의 심정

거목은 하늘로 치솟고
물은 흘러 바다를 메워도
변함없는 마음하나

불평불만의 삶
인간의 욕정은
어디가 끝인지

잘못된 습관하나가
공멸의 길로 가려하는지
민초의 심정 아리다

쓰임새가 다르더라도
더불어 살아가는 지혜는
찾아볼 수 없으니

오호 통제라
목소리만 더높아가니
내일이 요원하구려.

수행의 첫걸음

삶은 행복하다 하리오.
즐겁고, 괴로운 마음도
긍정의 마음으로 살아보라

헤어져 본 사람만이
그리움 알듯
겪어봐야 고통 알겠지만

어차피 홀로 왔다 가는 것
욕심내려놓고 바라보면
참 살기 좋은 세상

습관을 바꾸면
남을 위한 배려아닌
자신을 위한 수행인 것을

잠 못 드는 밤

가을비가 창문을 노크하고
오지 않을 임 기다리며
귀뚜라미마저 숨죽인 밤

갈바람 불어와
낙엽 되어 떨어지면
그리움도 쌓여가겠지

함께 있을 땐 몰랐지만
찬바람 불어오니
살며시 찾아온 공허감

방안의 공기마저
냉기류에 쌓여 가면
누가 있어 데워 주리오.

밤은 깊어 삼경인데
스쳐지나간 바람은 말이 없고
방안 공기만 쓸쓸하구려.

만추의 계절에

등산복 색깔만큼이나
설악산 공룡능선이 붉게 물들면
하루가 다르게 남하하고

숨바꼭질 하다
숨은 늙은 호박
익어가는 나를 본다

단풍이 그렇고
붉게 익은 홍시가 그렇고
억새가 그렇다

시향의 가락은
가슴을 쓸어내려
쓸쓸함은 감출 길 없고

놓아야 할 시기를 아는지
노을빛이 고운 것을
이제야 느껴보네

*우이령(송추에서 우이동) 넘으며

청 단풍

갈바람 불어와
단풍 되어 떨어지면
세월가고 나도 간다

고비 고비마다
우여곡절 겪으며
버리지 못한 모정

남겨놓은 무게가
발목 잡을 지라도
비켜갈 수 없는 여정

떨어지지 못하고
부여잡은 손마디에
새 생명 잉태하고

동지섣달 북풍 맞으며
상고대가 피어날지라도
떨어지지 못한 사연

제2부

하늘재의 그리움

2017년 10월 재경장기산악회 합동산행
(충북 충주 수안보면 하늘재)

하늘재의 그리움

빈 여백에 무엇을 채울까
너와 내가 만나면
쉬울 것 같은 가을향기

늘 부족한 것이 마음
채울 수 없는 미로에
미련만 남겼다

지워야 하기에 괴로웠고
갈망에 목말라 헤매던
백두대간의 하늘재

오늘도 만족이란 그릇에
채워야할 기다림의 시간도
인생 여정의 넋두리

세월에 채워야 할
너와 나의 가을향기가
늘 부족한 기다림의 미학

*백두대간 하늘재에서
2017. 10. 29 재경장기산악회 합동산행지

고향의 가을하늘

청포도가 익어가고
주저리주저리 전설이
몸을 씻는다

빠져나간 썰물이
몽돌의 구슬픈 소리되어
허허로움만 남기고

해국의 향기에 취해
걸어온 길 잊혀가지만
잊을 수 없는 향수

길은 언제나 설렘 안고
풍경은 시나리오 되어
호미곶을 안내하지만

언젠가 가야할 그곳
깊어가는 가을들길에
낙엽들만 쌓여가네

추억에 목말라

옛 기억 묻어둔
추억의 교정에도
옛 모습 찾을 길 없고

바람이 흔들어놓은
곱디고운 설익은 땡감에도
홍시 되어 익어간다

산비탈 단풍이 물들고
친구들의 맵시도 물들은
황혼의 가을풍광

벌레 먹은 잎들도
저마다 선홍색으로
재잘거리며 웃어대고

추억에 목말라
밀월여행 떠난 동무들
꽃보다 고운 단풍 되었네.

*2017. 10 구운초 친구들 설악산, 소양호 나들이하면서

깊어가는 가을

깊어가는 가을
지금 이 순간
당신을 생각합니다.

억새 잎이 휘날리고
기온마저 떨어져
들녘도 쓸쓸해 보입니다

낙엽 밟으며 걷는 길
옛 추억 속 그림자
당신이 그리워집니다

지는 노을도
낭만 느낄 틈도 없이
내일이면 눈으로 덮이겠지요

어쩜 가슴 한곳에
메여 오는 그리움
당신이 보고 싶어지네요.

늦은 후회

마음이 흔들려도
울지 마세요
외롭다고 하지마세요

떨어지는 낙엽도
내일위한 준비과정
슬퍼하지도 말아요

마음한쪽 미련이 남아
가는 길이 힘들더라도
묵묵히 걸어가세요

이상과 현실 속에
외롭게 살아왔지만
후회는 하지 않으렵니다

바쁘게 살다
뒤늦게 돌아봐도
영원한 것은 없더이다.

황혼의 자화상

보내고 맞이한
계절 넘어 황혼의 그림자
화폭에 펼쳐보니

세월의 무게 딛고
골 깊은 잔주름 넘어
미소 띤 해맑은 얼굴

마지막 남은 단풍잎
세찬 바람에 힘겨운 시간
세월을 탓하리요

갈대꽃이 노을에 기대여
바람에 휘어져도
허리한번 펴기 어렵고

쉿소리마저 숨죽이고
달빛에 젖어드는
외로운 밤의 무대여

순리를 저버리면

그릇에 물이차면
흘러넘쳐 흐르듯
물은 그릇을 탓하지만

민초의 마음은
근심걱정에 쌓여도
누굴 탓하리요

기준이 흔들리고
곡간이 비워져 가면
대가는 누가 지불하나

날이 갈수록 사건사고들
곳곳에 목소리만 높아가고
쌓여가는 집단이기주의

잘못을 인정하지 못하고
남의 탓만 하는 정치
전형적인 외로운 늑대

달빛 그림자

초가지붕에 박이 영그는
늦가을 어느 날
가지에 걸린 낮달 보았지

보름 넘나들며
밝게 피어나는
내 누님 같은 환한 얼굴

우린 그렇게 만났고
구름에 숨바꼭질하듯
미련만 남긴 사연

어쩌랴 휘어진 허리
달빛에 비친 모습도
그믐에나 보려는지

달도차면 기우 듯
창밖에 비친 가로등이
정월 대보름 같구려.

입동 맞으며

가을 –
가을에는
낙엽이 쌓여가듯

살아온 날의 추억들이
서첩에 빼곡히
낙엽처럼 쌓였다

가버린 날들은
돌아올 줄 모르고
미련만 남기고

텅 빈 공간
세찬바람 불어
어디로 밀려가려는지

세월아 내월아
너만 가면 나는 어쩌나
엄동설한의 이 밤을……

가을을 남기고

돌아선 뒷모습에
밤은 깊어
처량해 보이는 달그림자

가는 임 잡지 말며
오는 임 마다하리오. 만
쓸쓸함은 감출 길 없네

내일의 태양 기다리며
바람의 말에 귀 기울여
물처럼 살아가련만

아쉬움만 남기고
세찬바람에 옷깃여미어도
떠나가려 하네요

애써 게 눈 감추듯
매정하게 떠난 임이시여
추억만은 잊지 말아주오

창작의 고뇌

화가는 화폭에 담지만
숨은 밑그림은 시인이
여백을 채워간다

삶속 이야기 만들고
생명을 불어넣어
일깨워 주지만

자연의 순리 따라
물 흘러가듯
세상을 바로 세워간다

지금 이 순간
지나고 나면 묻혀
다시는 만날 수 없기에

세상에 보이는 것
보이지 않는 그 무엇
이것이 나의 창작의 고뇌

흘러버린 세월

문틈사이로 바람이 새면
딱딱함도 헐거워져
마디마디 아픔들

외로움 넘어 그리움도
다람쥐 쳇바퀴 돌듯
삶은 언제나 힘겨운 여정

영원이란 없듯
너와 내가 걸어온 길도
지워져 버리고

마지막 남은 지혜
인생의 퍼즐 맞추듯
세상을 바라본다

자연에 기대어 살다
자연으로 돌아가는
흘러 가버린 세월

그리워하며 살자

잊고 살아온 날들
무엇을 했고
무엇을 남겼는지

삶은 언제나 힘든 것
어떻게 살다 죽느냐는
자기만의 선택이거늘

비바람이 불고
계절이 바뀌어도
시간은 흘러가고

세월은 기다리지 않으니
스쳐 지나간 바람도
무소식이 희소식인지

한번 뿐인 인생
사는 동안이라도
그리워하며 살아가자

엄마생각

해질녘 동네어귀
기다리는 어머니
그 마음 누가 알까

모질게 다그쳐도
어린자식은 모른다
그 모정의 마음……

세월이 흐른 후
부모가 되어봐야
그땐 왜 그랬을지

자식위해 희생한
그 빈자리가 느껴질 때면
이미 떠나버린 공허함

마음 시리다
효도란 뒤늦은 후회
살아생전 잘해야 하는 것을……

인생 가을이오면

나는 어디에 서있고
어디로 가고 있는지
자신을 뒤돌아본다

한때의 행복도
넋두리하소연 하면서
자신을 뒤돌아보건만

혹여 가지 못한 길
미련이 남을지라도
후회는 하지 않으리라

행복의 밭에서
행운을 찾는
누를 법하지도 않으려니

이제는 놓아버린
행복의 계단에 서서
나래를 펼쳐 보려하네

오가는 계절에

물안개 피어나는
강가에 서서
오리 떼의 정겨운 모습

넋 나간 시간들도
계절의 아쉬움도
진실은 언제나 그 자리

계절의 문턱 넘어
흔적남기고 떨어져
이부자리 만들어 간다

곧게 핀 억새도
옹기종기 모인 갈대도
사각대며 얘기들

하늘과 땅 사이
여자의 마음같이
계절을 보내고 맞이한다.

사랑과 이별

사랑은 달콤하다고 했나요
책임과 의무 모르는 체
철부지 시절에는 그랬지요

세월 흐른 후에야 알았죠
떠나버린 빈 둥지엔
쓸쓸함이 무언지

이별의 아픔 아는지요
한때는 추억을 먹고
시간가는 줄 몰랐는데

영원이란 것이 있다면
좋은 인연으로 만나
한곳을 바라볼 수 있을지

사랑도, 이별도
마음과 마음사이
튼튼한 징검다리는 없으리.

오늘과 내일

바람이 분다
구름도 바람이 불어야
흘러가듯이

사람도
사랑이 있어야
화초처럼 자라겠지

인고의 시간지나
고통위에 피어난
침묵의 서리꽃

기억저편에
혹독한 시간위에
망각보다 상상의 시간들

영원할 것 같지만
살아남은 자의 선물
내일의 봄이 온다.

천사의 나팔

하늘아래
어딘가 피어있을
덧없는 사랑

봄부터 몸단장하고
여름이면 긴 꽃대 펼쳐
트럼펫을 연주한다

싱겁고 순박함도
몸속에는 독을 품은
임이시여!

낮이면 고개 숙이고
밤이면 밤마다
그 향기 내뿜어

긴 다리에 긴 꽃대
키다리 독말풀
너의 이름 천사의 나팔

홍시

나는 어디서 왔는가?
태생은 고욤나무
나의 몸에 잉태한 자식들

나의 수령도 잊고
할머니가 심었을
구전의 나이에도

매년 잊지 않고
한해두해 곰삭은 삶
이제는 고목이 되었다

그 맛, 그 느낌
고향의 향수 머금고
백년 넘게 지켜

추녀 밑 곶감으로
가지 끝 까치밥 되어
나처럼 익어가네

배려 없는 삶

무슨 욕심 있으랴
삶의 끝자락일지라도
내일이 있다는 것은 행복

태풍후의 고요함도
삶은 언제나 힘든 것
쉬운 것 하나도 없다

배려 없는 사회
감정노동자의 고충도
갑질의 문화

욕망 내려놓고
자연에 순응하면
세상은 참 살만한 곳

오늘도 내일도
갈증에 목말라 할뿐
행복은 꿈꾼 자의 몫

마지막 잎새

바람이 분다
가지 끝 영혼도
자취를 감췄다

현재의 시간도
과거에 묻혀버리고
새날을 맞이하건만

버릴 수 없는 속성
비워야 하건만
비우지 못한 삶의 굴레

백년도 살지 못하면서
천년을 살 것처럼
그렇게 살아왔는지

새 생명 잉태하고도
부여잡은 손 놓지 못하고
말라비틀어진 잎새

인생도 구름

인생도 구름
바람에 밀려가는데
어디로 가야하나

네 마음이
내 마음같이 않으니
뜬구름처럼 흘러간다

민초의 마음 이러니
세상을 탓하리요
세월을 탓하리요

가는 길이 험하다고
앉아서 기다릴 수 없는
애간장 태운 시간

세월아 내월아
너만 먼저 가거라
난 쉬었다 가려니

불교의 가르침

어디서 왔다 어디로 갈지
다람쥐 쳇바퀴 돌듯
살아가는 중생

비록 미물일지라도
자비로 영적 교감하며
윤회를 꿈꾼다

마음의 평화를 찾고
현세의 공덕 쌓아
피안의 세계로 가려니

어떻게 살고
무엇을 해야 할지
이상과 현실의 갈등

세상에 태어나
이름 석 자 남기고
오늘같이 살아가려니

김장

하루해가 짧아지고
찬바람 불어오면
마지막 농촌의 품앗이

몇 번을 죽어야 하나
자르고 염장하고 씻어
맛을 내기까지 배추의 운명

새우젓에 기본양념
가자미 횟대기 명태 넣은
지역의 전통김장문화

천상에 무슨 죄를 지어
밭에서 잘리고 소금에 절여
곰삭아야 맛을 내는지

서거리깍두기 오징어파김치
이제는 김장문화도
유네스코 문화유산

들녘 허수아비

황량한 들판
어둠이 찾아들면
그리움도 영글어

들녘 허수아비도
지친 몸 내려놓고
먼 산 바라본다

지난날의 기억들
호롱불 아래서
지난날을 이야기하고

굶주린 하이에나처럼
뒷골목 누비고 다녀도
풍요로움은 찾을 길 없고

새날의 태양만이
허수아비처럼 나를 깨워
일으켜 세우고 가네.

그리운 밤이면

시월의 마지막 밤도
색소폰소리와 함께
낙엽 되어 떨어지고

인생나이 가을
바람 불면 떨어질까
노심초사 깜빡 깜빡

오늘처럼 가로등도
밤거리 밝히며
오지 않는 임 기다린다

애꿎은 담배연기만
젖어드는 그리움에
골목길 누비고 다녀도

병든 단풍잎만 쌓여
무덤이 될지언정
홀로 지키는 밤의 정적

우이동 연리목

우이동 계곡 미림산장
등이 곱게 휘어진 혹에
진한 솔향기 피었다

임금은 되지못할 운명
정승으로 살아가려 했나
숨어든 더부살이의 삶

사시사철 푸른 송
하늘높이 치솟은 송월
너의 운명도 정승일세.

한평생 살아가려면
송추계곡 여성봉 찾아
외로움 달래며 살아가렴.

*연리목 : 뿌리가 서로 다른 나무의 줄기가 이어져 한 나무로 자라는 현상(밤나무목에 소나무가 한몸되어 미림산장 앞마당에 자라고 있음)

여성봉의 전설

화장을 하지 않아도
향수를 뿌리지 않아도
찾아드는 길손

요염한 미소는 아닐 진데
못 본 채 돌아서려니
아쉬움만 남긴다

진액 떨구고 너부러진
휘어진 처참한 몰골
감추어야 할 취약부분

눈이라도 내려
이불처럼 덮어주면
음흉한 마음도 씻기겠지

무서리 피기 전에
오봉산 넘어 가려니
말 못할 한 맺힌 사연

산행도 깨달음

삶의 무게 내려놓고
오르는 산길의 바람
함께 가는 나의 동행

자연에 기대여
한발 두발 깔딱 고개
정상도전도 삶의 과정

살아 천년 죽어 천년
주목 앞에 서면
부질없는 욕심 부끄럽다

존재의 의미도
품어주는 자연 앞에
고개 숙인 이유

그저 가만히
바라만 보아도 좋은
자연이주는 깨달음

황혼의 겨울

까맣게 잊어버린 시간
찢어지고 갈라진 등골에
찬바람 불어오면

아궁이에 불 지펴도
쉽게 지울 수 없는
냉골의 구들장

잊으려 애를 써 봐도
잊을 수 없는
속절없는 세월

두발 세발도 모자라
굳어가는 육신 앞에
가쁜 숨소리 뿐

영원이란 시간도
세월에 묻혀버린
한줄기 바람이어라

고향의 들녘

가을 지나 겨울이 오듯
만물이 잠든 들녘에
그리움이 묻어난다

봄부터 가을까지
수고로움 잊어버리고
편안히 숨죽인 들녘

계절을 묻고 덮어
깊어가는 겨울
찬바람만 몰아친다

비워야 함을 알기에
낙엽 밟으며 걸어도
지난얘기 지울 수 없고

철새만이 오가는 들녘
추억의 흔적위에
그리움이 찾아드네.

꿈에 본 고향(2)

타향살이 반백년
얼마나 그리웠던가?
돌아가고 싶은 고향

몸부림치며 살았기에
그리움도 잊고 살아온
실향민 심정 이러할지

다들 떠나버린 빈 둥지
흑백 사진만 남아
찬바람 불어온다.

눈을 감아도 그리운
두고 온 고향산천
꿈에라도 볼 수 있을지

노을이 찾아들면

내 이름 석 자
남겨놓은 것도 없다만
그래도 한 시절 보냈다

너와나의 고향
그곳에 흔적 같은 그리움
우리들의 이야기

노을 진 창가에 앉아
동공이 머물지 않은
그 먼 날의 그리움

내 곁에 남아준 그림자
기억 또한 추억이 되어
지워지지 않지만

값진 것은 없어도
그만, 그만 살다
말없이 조용히 가려하네.

동지의 그림자

하루 빛이 짧다
어느덧 푸른 하늘이
맑지 못해 시리다

낙엽 사라진 거리
휭하니 세찬바람만이
가슴을 멍하게 하네요

한바탕 몰아치고
떠나간 거리엔
동지의 긴 그림자

세월이 흐른 후
희미한 기억들
어디에 기대야 할지

엄동설한 찾아오면
아랫목이 그립다만
마음속엔 그림자 드리우네.

뿌리를 알아야

나는 누구며
어디서 와서
어떻게 살아가야 하는지

내속에 흐르는
피보다 진한 뜨거운 열정
부정할 수 없는 현실

잊지 말자
뿌리가 없는 민족
멸망의 역사뿐

피부가 다르고
문화가 다르지만
삶은 같은 것일까

음식도 정성이듯
키우고 가꾸지 않으면
내일의 희망도 없다는 것을

눈이 내리면

눈이 내리면
눈이 내리면
생각나는 그 사람

훤칠한 키에
눈이 큰 아이
얼굴은 창백했었지

어디서 무얼 할까
나처럼 그리워할까
웃는 모습 보고 싶어

눈이 내리면
잊었던 기억도
그날의 추억 되살아나

잊힌 계절에
새록새록 생각나면
너와 함께 추억 나누리.

깨우지 말아주오!

꿈 이었을까?
나의 삶
나의 일대기

스쳐간 인연들
수많은 이야기들
나만의 꿈

종편이 될지라도
남은시간 대작위해
아직도 미완성

인연위에 핀 꿈
바람에 밀려갈지라도
거부하지 않으리라

남은 미완성을 위해
아이야! 아이야!
깨우지 말아주오!

짝사랑

바라만 보아도
바라만 보아도
두근두근

마주치면
무어라 말문 닫은
젊은 청춘

그래도
그때가 좋았네
그 시절이 좋았네

하늘아래 땅위
그 마음
아직도 변함없으리

밝고 맑은 마음
순박한 사랑
나의 짝사랑 이였네

미약한 존재

자연을 벗 삼아
함께 나누며 산다면
나또한 자연의 한 조각

물이 흘러가듯
인생도 한번 왔다 가는 것
무슨 욕심 있겠냐만

세상에 올 땐
큰소리치며 왔는데
점점 작아지는 마음

하늘과 땅 사이
뭇 생명들의 쉼터에
나의 삶도 한조각 구름

바람에게 내몰리며
영원이란 욕심하나
내려놓고 가려하네.

바람이라오

창문을 노크하다
휑하니 왔다
흔적 없이 사라진 너

한마디 말도 없이
그냥 가버린
너는 누구란 말인가

저녁노을 찾아들면
그리움에 젖어
너를 찾아 가련만

세월 한편에 새긴 흔적
추풍낙엽 되어 떨어진들
하소연 할 때 없으니

삶도 미련도
멀리 멀리 떠나버리면
나또한 바람과 함께 가려니

겨울은 없으리.

상고대가 맺히고
설화가 피어나는
설국의 화신

켜켜이 쌓아올린
영혼이 잠든 대지
동토의 땅

말을 건네고 싶다만
귀머거리가 돼버린
김부자 공화국

살아남기 위해 무덤도
스스로 파고든 갱도
겨울은 너의 무덤이려니

아름다운 이 강산
함께 손잡을 수 없다면
봄날은 없으리.

영원도 허상

영원한 행복도
영원한 삶도
영원이란 없으리

누구나 영원할 수 있다면
자연의 순리는
존재하지 않으리

온라인 계통도
이승과 저승은
영원히 불가능 하려니

너의 욕망 내려놓고
보시하고 배려하며
세상을 바라보시게

영원도 허상
삶이 영원하다면
노예가 될 테니까

겨울서정

하루해가 짧아지고
긴긴 밤이 되어야
동지임을 일러주듯

고개 숙이지 못하고
백발 풀어헤친 갈대도
남의일 같지 않으니

겨울 서정도
노을이 꿈을 먹고
태양을 일으켜 세운다

한해의 갈무리도
새 삶을 준비하는
겨울서정의 선물

긴긴 그림자조차
안개 속에 숨어버린
들녘이 시리기만하다

감나무의 일생

고욤나무에 시집와
꽃피고 열매 맺어
늘어난 식구들

늙고 병들어
속까지 삭어 텅 빈 고목엔
뭇 생명들의 삶의 터전

태풍에도 열매 지킨
모진세월의 모성애
누가 그 마음 알까만

홍시도 곶감도
수백수령의 감나무
어머니 일생 아닐지

그리움(2)

덧없는 세월
계절의 문턱 드나들며
맺은 인연 반세기

흐르는 물처럼
바람처럼 소리 없이
숨죽여 살아왔건만

속세에 놓아버린 마음
그리움은 지울 수 없어
마음까지 시려온다

달빛 그늘에 앉아
먼 날의 봄 기다려보지만
젖어드는 그리움 뿐

누가 있어 달래 주리오
동면에 들어가 봐도
그리움은 지울 수 없네요.

인연이라 말하리.

태어난 인연도
우리가 만난 인연도
억겁의 인연

스쳐지나간 바람도
옷깃여민 만남도
속세의 큰 인연

허공에 묻힌 인연도
나이테 하나 남기고
흘러가버린 청춘

인연의 고리도
찰나의 순간도
운명처럼 만나

산허리 넘나들며
바람에 밀려난 구름도
인연이라 말하리.

끝자락에 서서

제야의 종소리도
다사다난했던 한해
끝은 또 다른 시작이라

닭이 남긴 한마디
가는 해는 아쉽다만
오는 해는 맞아야 하리

무술년 황금개띠 해
늘 웃을 수 있도록
내가 먼저 손을 내밀고

그대 떠난 이 밤
내일이면 해가 바뀌니
쉬 잠에 들리오

창문 넘어 멜로디 가락
오늘따라 착잡해 오지만
방안가득 온기 채우리라

법이 뭐 길래

사건 사고들
법이 없다고
규제가 없다고 무질서 한다면

윤리는 없는가?
규범도 없는가?
한심한 작태들

한때는 법을 몰라도
열심히 살았고
웃으며 살았다

기본을 지키지 않는 사회
목소리만 커져가는 현실
무엇이 문제인가

권리만 주장하고
의무를 무시하는 현실
성숙한 시민의식이 아쉽다

한반도 운전자론

자국우선주의 미국
일대일로의 중국
우익이 난무하는 일본

가깝고도 먼 나라
자기잘못을 인정하지 않고
책임을 회피하는 일본

주변국의 스트롱 맨들
그 틈바구니에선 한반도
운전자는 어디로 가고 있나

역사 속 교훈이 있듯
자주국방만이 지름길
잊지 말아야 한다

위기는 기회라지만
섣부른 외교가
망국을 부른다는 것을……

고향산천

산비탈 해거름 내리면
매캐한 연기가
마을을 수놓고

반질한 골목길
흙먼지에 발자국 남긴
친구들의 모습들

잡초더미에 거미줄
찾는 이 없는 골목
먼지 쌓인 빈 둥지

애기울음소리도
매캐한 연기도
흑백사진으로 남았다

버드나무가 점령한 들녘
기억마저 흐려져 가는
초라한 내 모습이여

노을 빛

예전에 몰랐네
햇빛도 맑은 공기도
노을빛이 슬프게 느껴지는지

고이 잠든 이 밤
달빛에 그리움 삼키며
긴긴밤 추억 그리워지면

어느덧 황혼
인생의 밑그림 그려
여행을 떠나고 싶다

제2의 인생 찾아
남은 반의 삶 위해
느리지만 함께 가야지

꽃보다 아름다운 단풍
노을빛 아름다움 느끼며
붉게 물들어 가려니

술잔에 비친 노을

고요한 동지의 밤
파고드는 시린 마음에
한해의 노고가 쌓여간다

속세의 인연 따라
낙엽진자리 새싹 움트듯
놓아버릴 수 없는 흔적

세월은 바람에 밀리고
인생도 구름 되어
말없이 흘러만 간다

노을이 지면
술잔위에 어리는
흔들리는 마음하나

그리운 마음도
놓아 버릴 수 없는
걸어온 추억의 허물

무술년의 성내천

푸르름이 사라지고
하얀 소복 입은
성내천 소리길

계절의 문턱 넘나들며
오리 떼도 왜가리도
삼삼오오 모여들고

사각대던 갈대도
자존심 세워 흔들지만
꺾이지는 않으리

잠시 왔던 햇살도
긴긴 그림자에 묻혀
동면에 들어가면

눈비 맞으며
쫓기듯 달아난 정유년
무술년 황금개띠 맞았네.

제3부

남한산성의 봄

2018년 5월 한국문예춘추 수련회
(충남 보령 주산면 샘실마을)

남한산성의 봄

도심 속 고드름
가쁜 숨 몰아쉬며
서서히 눈물 흘리면

남한산성자락 잔설도
북녘 향해 자리 잡고
봄소식 전하네.

하루가 짧아지는 이 밤도
봄을 기다리는 염원처럼
지는 노을이 아름답다

겨울잠에 취한 생강나무
큰 눈망울 굴리며
못 다한 얘기 나누며

봄이 오는 길목에
허허로운 마음 달래줄지
봄채소 풍년을 예고하네.

산성의 그림자

계절의 옷 갈아입으며
어제도 오늘도
변함없는 일장천

무성했던 계곡도
헐벗은 나목의 민낯
스산한 기운들

인조의 원혼도
도성곳곳에 흩어진
파편의 흔적들

개울물의 물줄기도
낙엽에 뒤엉킨 속사정
잊지는 말아야지

일장천의 봄은
그렇게 새 희망안고
무술년을 준비하네.

입춘 맞으며

쓸쓸했던 그날도
시린 오늘도
멀리 떠나려 한다

잔잔한 호수
꽁꽁 얼어버린
벙어리 냉가슴

입춘 맞으며
검붉게 타버린 마음
봄 향기 밀려올지

호수에 물안개피면
그대향한 마음
산 너울에 담아놓고

곰삭은 그리움은
사랑의 불씨 지펴
희망의 꿈 키우리라

속리산의 겨울

속세의 아픔 잊으려
세조길 따라 찾아간
속리산자락 법주사

곳곳에 놓인 돌탑
그 마음 알까만
오늘보다 내일의 염원들

복천암 불경소리에
삶의 짐 벗어놓고
문장대에 오른다

거칠어진 호흡만큼
깨달음도 힘든 것
그 또한 참수행이려니

무술년의 꿈과 희망
자비와 보시의 마음
가볍게 밟고 가시옵소서.

변하지 않는 자존심

바람과 별과 시
마음속에 머물다
흔적 없이 사라지지만

삶과 죽음도
내가 만든 울타리
슬픔과 행복도 다 마음

잠시 왔다 가지만
하늘과 땅 사이 규율도
내가 만들어 가는 것

삶은 늘 목말라
허영심에 탐관오리하며
자신을 잊고 살아가지만

권력 앞에 떳떳한 자만
살아남을 수 있는
변하지 않는 자존심

한마디 충고

세상은 자연의 섭리
물이 흐르듯 흘러야
만사형통 하는 것

삶의 이상향도
대물림은 또 다른
빈곤을 초래한다

부귀영화 마다하리
노력 없이 얻은 부
허영심만 키우고

세상의 순리 저버린
인간의 존엄성도
뜬구름 같은 것

나라의 근간은
백성이라는 것을
명심 또 명심 하시게

산다는 것은

세상아– 세상아
변화무쌍한 세상아
세상 탓하지 마라

세월은 변함없건만
변해가는 것은 인간
아침저녁이 다르다

울고 웃는 날들
욕심내려 놓으면
참 살기 좋은 세상

떠날 때는 말없이
바람처럼 잠시 머물다
그렇게 가려니

산다는 것은
아픔도 행복도
한 순간 이었음을

인내의 끝은

춥다
춥다 못해 시리다
누가 이 고통 알리오!

춥다는 것은
봄이 저 멀리
오고 있기 때문이다

고통은 인내하는 것
누가 대신할 수 없는
홀로 버터야 하는 것

누군가 함께 한다면
반으로 줄일 수 있겠지만
그 또한 어려운 것

어차피 가야할 길이라면
인내하며 가자
내일이 더 행복하려니

마음하나

계절의 뒤안길에
변해가는 기온 차만큼
간사한 마음하나

변치 않는 천성처럼
자존심 하나에도
삶이 묻어난다

언제나 그랬듯이
내려놓지 못하는
간사한 마음이려니

잠시 왔다 가는 세상
뭐 그리 욕심 있겠냐만
내려놓고 바라보시게

세상은 참 살만한
살아있음에 감사하자
내일도 태양은 밝으리.

부부별곡

살아생전 알량한 자존감
놓아버리면 죽을까
한평생 대쪽 같은 삶

젊음도 한때 이었나
귀먹고 눈멀어도
자존심은 그대로 남았다

무던히 한길 걸으며
자식위한 부성애는
가정을 지켜냈고

쇠약해진 늙은 몸
할망 생각하면 할 말 없고
해줄 것도 하나 없다

자존감 내려놓으면
아마도 저세상 가시겠지
부부별곡도 인생드라마

마음의 봄

텅 빈 공간
있는 듯 없는 듯
마음 적시고

추억마저 말라버린
영혼 없는 대지에
무어라고 말하리.

유채향기 밀려오면
움트는 새싹처럼
희망을 얘기하고 싶어

황금개띠 무술년
용기란 나무심어
꿈을 키우고 싶다

고목에 매미가 울듯
마음에 봄 찾아들면
설렘으로 다가가고 싶다

가버린 계절

성에 낀 창가
첫사랑의 기억도
거울 속에 숨었고

세월 속에 남은
흘러가버린 주름살
아픔만 남겼다

노을이 붉게 물들면
잃어버린 시간 찾아
그리움하나 심어놓고

밤새워 못 다한 얘기
삶의 허물 채우며
눈물 속에 삼켰다

달빛 그늘에 앉아
지난날의 아픈 사연들
서첩에서 얘기 나누리.

나의 동무들

너와나, 우리
언덕위에 놀던
앳된 얼굴들

그때 그 시절
비가 오나 눈이오나
골목 누비고 다녔지

먼지 쌓인 간이역에
등불 밝힌들
추억 찾아올지

흑백사진 속
누렇게 변색된
나의 소꿉친구들

아련한 추억 속 시간여행
바람처럼 떠나버린
그리운 나의 동무여

여명의 눈동자

가난이 뭐 잘못인가
취업미끼로 끌려가고
강제로 납치됐다

짓밟히고 유린당한
위안부의 삶
그 길이 지옥 이었나

평생 한 맺힌 삶
한마디에 풀릴까만
끝나지 않는 전쟁

진심어린 사과한마디가
그렇게도 어려운지
가깝고도 먼 일본

역사왜곡이 있는 한
여명의 눈동자는
지켜볼 것이야

마음이 닿는 곳

만년설은 아니지만
겨울의 끝자락에 만난
잔설의 유희들

사계절 씻겨주고 덮어주며
나이테하나 남겨
주름살위에 새겼다

시간이 멈춘 곳
깎아지른 절벽위에
각양각색의 형상들

전설이 잔설처럼 쌓여
오가는 묵객들 발목잡고
한 장의 사진으로 남겼다

그곳이 어디든
마음이 닿을 수 있다면
내 마음에 담으리라

웃음의 의미

하루의 피곤함도
웃을 수 있다면
모두가 행복하려니

누군가 말했지
인생은 정답이 없다고
그 속에 뜻이 있었다

매순간 최선을 다했고
아무 일 없었던 것처럼
힘겨운 고비도 넘겼다

삶은 다 그런 것
종이 한 장의 차이라도
웃을 수 있다면

우는 얼굴은 밉지만
웃는 얼굴이 예쁜 것처럼
당신이 인생의 주인공

평창의 하늘(1)

매서운 한파에
얼어붙은 평창의 하늘에
불꽃이 피었다

종목만큼이나 낯선
이국땅 이름들이
설원을 가르고

손에 닿을 듯
환호의 물결들이
날개 없이 추락한다

설원을 누비며
빙원을 가르는
곡예사의 첫사랑

평창의 하늘엔
4년간의 땀과 간절함이
꿈과 현실로 바꾸어가네

* 2018. 평창 동계올림픽

평창의 하늘(2)

강원도 골짜기에
성화의 주자들이 불 밝혀
지구촌 곳곳이 축제의 장

하늘 길도 열리고
바닷길도 열어
뭇 손님을 맞이한다

화합과 축제
평창의 하늘은
온통 웃음 한마당

한반도기가 펄럭이고
남과 북 응원단도
간절함이 묻어있다

동토의 북녘 땅
내일의 따뜻한 봄 향기
피어났으면 좋겠네.

* 2018. 평창 동계올림픽

평창의 금메달

인내의 쓴맛도
간절함에 목말라
기회는 주어질지

누구나 갈망하고
걸어주길 기다리지만
주인은 따로 있다

4년을 기다렸지만
그분은 한평생을
기다려 왔는지 모른다

너도 나도
우리들이 아는
그 한분위해 비워두자

우리 모두를 위해
묵묵히 일하는 자원봉사자
평창의 금메달을 걸어주자

역사의 발자취

한 뼘 두 뼘 지문
한발 두발 족적
무너지고 채워져도

숨겨진 역사의 왜곡도
손으로 하늘을 가려도
진실은 감출 수 없다

태고의 흔적위에
짓밟히고 상처 나도
내가 너를 기억하듯

누군가 비밀스런 일까지
지우고 없애려 해도
땅의 역사는 기억 한다

한반도의 땅위에
이야기를 만들고
발자취를 남겼으니

고향의 아침

고향옛터에 앉아
저무는 노을 바라보니
그리움이 몰려온다

먼지 쌓인 곡간
그 시절 그 추억
흔적으로 남아

한기 찾아든 새벽
떠나버린 빈 둥지엔
옛 모습 찾을 길 없고

골목길 소꿉친구도
매캐한 굴뚝연기도
세월 속에 묻었다

꿈속의 고향
언제한번 웃으며
고향의 아침 맞을지……

노을 진 고향

고향은 있으나
세태가 잊게 했고
그리움만 남겼다

비워진 빈 둥지
마음을 묻고 묻어
잊힌 고향의 향수

시대가 변했다고
설날연휴 늘어난 여행객
가슴에 묻어야 하나

노을 진 고향하늘
그리움만 남아
가슴 후비게 하지만

선물 꾸러미보다
사람 냄새나는 고향
그때 그 시절이 그립다

집시 인생

바람이 분다.
내일은 어디서 불어올지
난 어디로 가야하나

머물길 없는 바람
삶도 그렇게 떠돌다
잠시 왔다 가는 것

달과 별을 만나
밤새워 얘기 나눈
수많은 밤들

하늘과 땅 사이
여울물이 흘러내리면
봄바람 타고

그곳이 어디든
같이 갈수 있다면
웃으면서 가리다

참 스승의 길

맴도는 삶의 여정
길이 멀다면 걸어서라도
먼 길 찾아 가리다

가는 길이 멀다한들
한걸음 발자국도
짧다고 하라오

설화가 피어나고
상고대가 맺는
첩첩산중의 오지라도

고행의 시간 속에
삶의 가르침이 녹아드는
참 스승이려니

삶이 무엇인지
소중한 것이 무엇인지
이제야 알 것 같네.

봄 마중

가슴앓이 하다
정월 대보름 맞으며
풀어놓은 시린 마음

미소 한 자락에
훈훈한 정 느끼며
봄의 문 두드린다

여린 햇살에도
물러설 줄 모르는
회오리바람의 절규

지나온 허물에도
고통 속에 피어날
실낱같은 불씨

잔설사이 미풍도
고로쇠나무에 찾아들어
단물을 토해낸다

생일상 앞에 두고

대지에 봄비 내려
속 탄 마음 달래줄지
가버린 시절이 그립다

낳아주고 길러주신
부모님의 은혜
갚지도 못한 불효자식

정월 열 사흗날
봄비마저 내려
마음마저 시리다

어느덧 세월은 흘러
그리움만 남겨두고
지는 노을이 아쉽다만

가슴에 묻은 수십 년
봄비에 젖은 마음
누가 있어 달래줄지

마음의 울림

지식이 권세일까
재산이 무게일까
인간 본연의 심성

윤택한 삶도
지식도 재산도 아닌
마음속 삶의 울림

삶속에 가려진
내면의 자아도
마음이 지배하는 것

인간본연의 모습
선과 악을 동반한
추악한 볼품없는 존재

깨달음의 길

계절의 바뀜도
혹독한 겨울이 지나야
봄을 맞이하고

세찬 비바람이
튼튼한 가지를 만들어
거목으로 자라나듯

인생의 삶도
고통 없는 삶 있더냐
우여곡절 겪으며 사는 것

자연의 순리도
오늘이 지나야
내일을 맞이하듯

한 인간의 깨달음도
배려 속에 피는 꽃이
더 아름다운 것을 ……

멋진 인생

삶이 뭔지 몰라도
인생을 걸 만큼
중요한 것은 없을 터

그것이 나에게 주어진다면
난 당당히 말하리라
너는 내 운명이라고

살다보면
우여곡절 맞으며
힘든 일 겪지만

선택은 마중물이 되고
든든한 버팀목 되어
세상과 마주하는 것

한번 뿐인 인생
뭐 다를 것이 있겠냐만
멋지게 살아가시게

봄비 맞으리

어제의 기억 잊어버리고
누군가를 위해
참아왔던 눈물 쏟아낸다

피지 않는 꽃이 있으랴
봄맞이 대청소부터 하고
내일의 봄비 맞으리

실낱같은 햇살에
대지는 메말라가도
3월의 생기는 살아있다

우수 경칩 지나고
예쁜 웃음꽃피면
너를 맞이하리라

너와나 우리
함께 웃을 수 있는
봄비에 젖은 함박웃음을

가는 세월 앞에

과거의 시간 잊고
먼 길 돌아왔기에
남은 것은 행복뿐이다

자존감은 해가 가도
어쩔 수 없나 보다
변할 줄 모르는 천성

너와나 우린
언제나 웃으며 살 수 있게
먼 길 보고 놓아버리자

마음하나 믿고
경륜 앞세워 간다지만
늘 가는 길은 새로운 길

가는 세월 잡을 수 없다면
밀려서 가는 것 보다
느리지만 함께 멀리 가려니

인생의 흔적

세월이 인생 무게
흘러가는 세월
누가 잡으리오

삶의 찌꺼기가
살아온 무게만큼
시련의 아픔일지

허리 굽혀 바라본들
남겨진 허물도
내 삶의 일부분

이유 없는 무덤 없듯
다 그렇게 살다
한세상 흔적남기고

잘났던 못났던
그렇게 살다가지만
인생도 다 부질없더라.

덧없는 세월

척박한 땅에도
누군가 삶을 이어가고
생은 언제나 적응해 간다

행복도 불행도
위로받을 수 없는
다 부질없는 일

세상에 태어나
모진풍파 맞으며
나는 살아남았다

오늘이 있기에 내일이 있고
내일의 희망이 있기에
나를 일으켜 세운다

덧없는 세월
땅은 언제나 거짓이 없듯
그렇게 왔다 가는 것을……

순례자의 길(1)

고행의 흔적은 남지 않으나
그 위에 피어나는 정신은
세대를 이어간다

혹독한 자연과 만나고
굶주림에 쓰러져가도
놓아버릴 수 없는 정신세계

한 가닥 소박한 꿈도
영생불멸 꿈꾸며
죽더라도 환생을 바랄뿐

자연과 함께하며
달과 별들이 친구 되어
바람과 함께 떠난 길

목적지가 중요하리오.
더 나은 삶 위해
고통 속에 핀 깨달음인걸.

가야의 뿌리

낯선 땅 낯선 길
꿈속에서 보았던
흐릿한 기억들

바다는 열려있고
땅은 막혀있으나
그곳이 어디든 가리다

내가가는 길은
언제나 낯선 길
그 끝은 어디일까요?

김수로왕 73대손
김유신의 흔적까지
나의 뿌리가 그랬고

철기의 흔적도
가야는 기록만 남겼고
선혈들만 배회하네.

봄바람 타고

짝사랑한 그대가
내 곁을 떠나갔을 땐
봄비가 내렸지요

먼 곳에 있을지라도
그간의 안부를 물어
봄 향기실어 보내려니

그대여, 그대여 –
잊지는 말아주오
그곳에도 봄을 맞이하련만

하루가 다르게
움트는 새싹들의 향연
사랑하나 심어 보세요

언젠가 그 언젠가
열매 맺는 날
봄바람타고 임마중 가려니

땅의 역사

하루가 한해를 쌓고
비바람에 씻고 말린
능선과 계곡들

세월속의 묵은 때
바람결에 그리움도
운무위에 핀 영봉

절벽 위 형상에도
이름붙이고 전설 만들어
내려온 땅의 역사

발자국위의 흔적도
너와나의 이야기
구전으로 쌓아올려

심산유곡에 핀 전설
숨은 땅의 역사도
발굴하고 가꾸어 가는 것

남의 탓 말라

남의 탓 말라
꿈을 먹고 얘기한
그런 날도 있었다

물은 거슬러 오르지 않고
순리를 저버리지 않으며
묵묵히 흘러가건만

세상아 너를 원망하리.
나약한 내가있고
철이 없는 내 자존심

듣지 못하고 볼 수 없으니
누가 누굴 탓하련만
비굴한 네가 있을 뿐

나 돌아 갈래
한줌 흙으로 돌아가
자연과 함께 하려니

가야의 비밀

흔적위에 새겨지고
역사의 베일 속에 숨은
그 비밀의 땅

뿌리 찾아 먼 길 돌아
나의 피가 흐르는
가야로 향한다

역사의 흔적도
물안개 속에 피어나는
만남의 역사 이야기

전설이 살아 숨쉬고
때늦게 빛 발할지
한 점의 서첩기록들

가야는 사라졌지만
정신만은 지울 수 없는
역사의 숨은 이야기들

희망

먼 툰드라의 땅
만년설 사이로 숨은
깨달음의 크레바스

한 올 한 올
쌓아올린 절벽 위
희망 같은 낙락장송

한해 두해
작가의 열정이
쌓아가는 삶의 이력서

해가 뜨고
달이 진다해도
서러워 하지마라

혹독한 겨울 지나야
따뜻한 봄날 오듯
내일의 희망 얘기하리.

*김경이작가 부산 백스코 아트피플 전시
2018. 4. 19 - 23일. 제목 "희망"

봄바람 여인

봄비에 젖어
설렘으로 다가온
화사한 매화꽃의 자태

산수유 개나리 진달래
수줍은 꽃망울
너 보란 듯 기지개 켠다

강촌에서 불어오는
산들 바람의 유혹
잠자던 나를 깨우고

이 시간이 있기까지
스쳐지나간 지인들
다들 무얼 하고 있을까

봄날의 새싹처럼
어디서 무얼 하던
희망이 움트길 빌어본다

봄비

간밤
창문을 노크하는
침묵속의 봄비

메마른 대지에
단비처럼 기다려온
농심의 마음

개울가 버드나무도
어느덧 푸름으로
생기 찾아가고

산수유 개나리
노란 물결 속에
벌과 나비 부른다

겨우내 움츠린 마음
봄의 향기 밀려오면
임 마중 가련다.

봄 편지

바람이 분다.
필시 남쪽에서 불어오는
봄소식이려니

한풀 꺾인 미풍에도
북풍한파는 있을 터
매사 준비는 해야 하리

미풍에 흔들려
앞 다퉈 솟아나는
무질서의 극치

초록의 바람이
길섶 덤불 나르고
내일의 봄을 깨운다

이별과 만남의 갈래
그 중심에 전하는
한통의 봄 편지

노을 바라보면

타는 노을이
지고 있음을 알면
슬픔이란 걸 아는지

세월의 무게도
끝자락에 서면
무너져 내리는 마음이라

자네도 그렇다
때론 잊고 살아온
그날이 그리워지면

홀로 지새운 밤
그 마음 알까
동지도 하지도 그렇다

멈출 길 없는 세월
그 끝에 서면
지는 노을이 아리다

보내는 마음

한 시대
땀 흘려 살아온 흔적들
허전한 마음이야 없겠냐만

세월은 변했어도
마음속 울림은
같은 마음 같은 느낌

후회는 해도 늦으리.
아쉬움만 남기고
먼 길 떠나보내야 하나

잊으려 해도 잊지 못하고
기다려주지 않는 세월
약속한 인연의 시간들

세월 한편에 묻은
수많은 파편과 흔적들
다 내려놓고 잘 가시게

성내천의 봄길

실버들 냄새가
성내천의 물길 따라
유유히 흘러가고

은물결위에 뜬달
흰 뭉개 구름사이로
숨바꼭질 한다

길은 외길이건만
젖어드는 그리움은
눈감으면 지천이로다!

밤새워 걸어간들
동녘에나 닿을지
텃새가 된 왜가리

익어가는 발자국
그 위에 피어나는
성내천의 벚꽃 길

해질녘 바다

한 쌍의 보트
자맥질하듯 파도 타는
해질녘 동해바다

몽돌의 구슬픈 소리
지난 추억 그리워
그날을 생각 한다

돌 틈 넘나들며
게 눈 감추듯
게들의 숨바꼭질

추억 그리워
모래톱에 새긴
흔적들의 소용돌이

못 다한 이야기
부서지는 파도에
실어 보낸 해질녘 노을

어느 봄날에

살아있음에 감사하자
삶은 언제나 아픈 것
하루하루에 만족하자

늘 곁에 머물 것 같은
착각 속에 흘려보낸
시간들의 아쉬움

푸시킨의 삶을 되뇌며
행복이란 마음속에 있는 것
삶의 진리는 없더이다

힘겨운 겨울이 지나야
새싹들이 돋아나고
내일의 희망 이야기 한다

오늘이 있기에 내일이 있듯
함께 가는 이 길이
웃으며 갈수 있으려니

자화상

살아온 인생 이력서
그 영원한 기록은
자기만의 삶의 이력서

화장을 했다고
민 낯의 얼굴 감추랴
인간의 그 가면을 ……

색안경을 쓰고 보면
마음의 그늘도
다 그렇게 보이는 것

삶의 이력서도
스스로 만들어 가는 것
누가 대신 하리오. 만

이보시게
인생 뭐 별것 있겠소
알아도 모르는 척
웃는 얼굴이 예쁜 것을 ……

애태운 마음

한 시대 태어나
이래저래 살다가
흙으로 돌아간들

살아생전
얻은 것은 무엇이고
잃은 것은 무엇일지

떠날 때는 잊으려 했는데
시간 지나고 찾아와도
그 마음 변하리오.

망연자실(茫然自失)
흔들어 놓은 마음
애태운 시간들

이래저래 보낸 세월
얼룩진 삶 일지라도
그 끝은 웃으면 좋으리라

봄날은 별천지

촉촉한 봄비가
언덕 넘어 밀려오더니
어느덧 봄을 맞았다

온 천지가 술렁이고
설렘은 가슴으로 전해져
희망의 나래 펼친다

동지인의 가슴에도
묵은 때 씻어내고
봄비에 입맞춤하고

송알송알 맺힌 빗방울
울긋불긋 꽃망울
내 형제 같은 얼굴들

봄날은 별천지
새싹에 묻어들어
새 희망을 노래하네

2018. 4 재경동지산악회 시산제 아차산 무궁화체육회장에서

봄이 온다(1)

꼭 다시 만나기요
달래주고 싶었지만
머지않아 찾아오려니

대동강물이 풀리니
철새도 명태도
봄은 남녘에서 오겠지

여름한철 혹서기
땡볕 걷히고 나면
가을이 찾아오듯이

봄부터 여름까지
땀 흘린 수고로움도
결실을 맞이하리라

날개 활짝 펴고
한 마리 새가되어
남북을 오고가려니

*2018. 4 남북평화협력기원 평양공연 주제

봄이 온다(2)

우리는 한민족
같은 느낌, 같은 생각
너와난 한 형제

갈라놓은 한반도
세월은 변했어도
이념만은 달랐다

스쳐지나간 모진 세월
우리들 모습에는
변한 것이 없었네.

잊으려 해도
잊지 못하는 것은
우리들의 혈육이라오.

지나간 겨울은 추웠고
언젠가 봄은 오려니
그날을 기다려 보네

*2018. 4 남북평화협력기원 평양공연 주제

제4부

너와나의 고향

2018년 5월 재경장기산악회 정기산행
(충남 예산 덕산면 덕숭산 수덕사)

너와나의 고향

창가에 앉아
파릇파릇 움트는 새싹
지난날을 생각한다

한숨 넘어 울먹인
아픈 마음에도
고향의 향수이려니

눈을 감으면
또렷이 보이는 그리움
그곳은 추억의 땅

개울건너 방죽 길
좁은 골목 끝
너와 나의 삶의 터전

첩첩산중 모진 바람
곡간채운 희나리도
너와나의 고향

자연에 기대여

스쳐지나간 바람에도
추억은 가슴에 남기고
흔적은 남기지 않아야 한다

정해진 규칙 따르며
즐거움은 마음에 담아
짜인 순리 속에 움직이듯

빛바랜 나의 시간도
잃어버린 시간 속으로
추억 찾아가는 것

자연의 품에 안기며
비바람이 쓸고 깎은
자연의 소리 들어보라

태고의 신비도
우리가 살아가는
허파와 같은 소중한 자산

삶의 인생길

길은 원래 없었다
길은 만들어 가는
고뇌만 있을 뿐

길은 여러 갈래
가지 못한 길의 미련도
욕심이 낳은 산물

선택한 길은 삶이요
살아온 흔적
나만의 인생길

낯선 길 걸으며
가는 길이 힘들어도
멈출 수 없는 인생

삶의 애환도
걸어가는 이 길도
우리네 삶의 인생길

덫에 걸린 인간성

세상에 태어날 땐
두 주먹 불끈 쥐고
큰소리치며 존재 알렸고

세상과 맞서며
살아가는 법을 배웠고
존재가치를 알았다

한시대의 욕망도
돈 명예 권력 맛보며
허망함도 배웠고

믿어야 할 가족에게도
큰 상처를 받아야 하니
세상은 무질서의 극치

인간 본연의 감성도
순수해야 할진데
욕망의 덫에 걸린 인간성

돌의 쓰임새

박힌 돌
굴러온 돌
돌은 많다

돌이라고
돌부리에 넘어졌다고
원망하지 마라

쓰임새에 따라
걸림돌이 될 수 있지만
때론 디딤돌도 된다

누가 어떻게 사용하느냐
어디에 놓였느냐
이것이 문제로다

2018. 4. 재경장기산악회 정기산행지
관악산자락 자하동 계곡에서

시행착오

봄비가 창문을 노크하지만
누구인지 묻지 않아도
궁금하지 않았다

우리네 인생도
성숙하지 못하다고
나무라지는 않아야한다

고난 속에 핀 꽃이
더 아름답듯
참고 견디는 것이 인생

탐욕은 내려놓고
눈높이도 낮추고
감사하는 마음으로 살자

소박하지만 꿈을 키우고
시행착오 겪으며
그렇게 살아가는 것

"평화" 새로운 시작

"봄이 온다."
그리고 여름 지나
결실의 가을도 올 것이다

한반도에 평화도
새로운 출발점
언젠가는 닿으리.

신뢰는 없다한들
어차피 가야하는 길
함께 가야하지 않겠소.

흑백논리가 난무하고
이념과 체제가 다르다만
누군가는 해야 한다

얼어붙은 동토의 땅
해빙의 봄바람불면
노심초사 민초의 마음

*2018. 4. 27 남북정상회담 앞두고

왕 벚꽃

봄소식 전해오면
집 앞 뜰에도 앞 다퉈
임들의 설레임

볼그레 보랏빛
수줍은 내 누이 볼처럼
여린 모가 꽃

개나리, 목련 배웅하면
담장 넘어 게 눈 감추듯
봄을 밀어 낸다

이사 온지도 어언 20년
누가 누군지 알 수 있듯
그렇게 보낸 시간

수문장처럼 꼿꼿이
세월 지켜온 왕 벚꽃 두 그루
이제 떠나려니 아쉽기만 하네.

*서울 송파구 송이로 23길 52-12
현대빌라 2차 정문 왕 벚꽃 두 그루

목련꽃 옆에서

목 놓아 불러도
그해 겨울은 추었다
밝게 핀 하얀 얼굴

설렘 안고 찾아왔다만
짧은 생 마감하고
너부러진 모습들

참혹함이야 어찌 말로하리
경비아저씨 눈시울 찌푸린 날
마지막 작별인사 고하네.

한해 기다려
먼 길 달려왔다만
아픔이야 어찌 말하리

무어라 말 건네지만
듣지 못하고 느끼지 못하니
시인의 마음 아프다오.

비핵화의 민낯

계절은 겨울을 밀어내고
꽃샘추위를 겪으며
봄날을 갈망한다

비핵화의 험난한 길
가는 길은 여러 갈래
어디로 가야할지

체제를 보장받으며
하나를 얻기 위해
버려야 하는 것도 많다

선과 악의 축에서
버리지 않으면 닿을 수 없는
공생공존의 운명

도보다리의 밀당
그 속에 숨은 뜻이 무언지
북녘 땅에도 봄은 오려나?

어떻게 볼 것인가

색안경을 쓰고 보면
악마는 존재하지 않으나
그렇게 보일뿐

봄이 오지 않은 들녁
가을 결실이 없듯
봄을 맞이해야 한다

만족이야 있겠냐만
믿음과 신뢰 속에
묵묵히 확인하며 가자

평화와 번영 심었으니
65년의 엉킨 실타래
풀어나가길 기대한다

남과 북이 만나면
우리는 한 형제요 가족
언젠가 그곳에 닿으리.

석별의 한마당

석별의 만찬장에
봄바람 불어오듯
"고향의 봄"이 흐른다

눈시울 붉게 물든
그 느낌, 그 울림
말하지 않아도 알고 있다

대화가 통하듯
우린 한마음 한뜻
우리는 한 형제

설레임도 두려움도
65년의 긴 세월이
한순간에 무너져 내린다

한여름 땡볕 견디며
한라에서 백두까지
"아리랑" 부르리라

남과 북

너는 아는가?
예부터 한반도는
동방예의지국 이란 걸

강대국의 틈바구니
고난과 역경의 수난사
그렇게 살아왔다

아직도 허리 잘린 상흔
횃불이 보이니
이제는 봄이 오려나

계절은 봄을 맞았으니
한여름 땡볕 견디면
결실의 가을을 맞이하자

헤어진 이산가족의 삶
65년 기다려온 형제
축배의 잔을 높이 들자

5월의 그리움

바람 불어 좋은 날
5월의 하늘은
하루가 짧기만 하다

산과들에도
어린아이 볼처럼
울긋불긋 물들어

눈감으면 떠오르는
그 시절 그 추억
대본 없는 무대

대물림의 시간도
그렇게 5월도 저물어
훌쩍 자라버린 그리움

설렘 안고 맞이한 5월
지금은 봄의 끝자락
아쉬움만 밀려오네.

인생예찬

계절의 넋두리도
아쉬움은 없겠냐만
맞이하고 보내는 마음하나

갈꽃이 익어가듯
인생도 저물어 가면
쓸쓸함 안겨주지만

누군가 믿음하나
흙속의 진주처럼
선택받은 운명 아니더냐

주름 하나하나 잡아가며
치마폭 만들어가듯
꿈을 꾸고 있을 뿐

언젠가 완성되는 날
우리네 인생도
잘 영글어 가겠지요.

참선의 길

속세의 인연도
참수행의 길도
번뇌를 잘라내는 일

굽이굽이 산길 따라
물소리 새소리 들으며
무상무념 느껴보라

내가 누구인지
생각은 내려놓고
마음을 들여다본다

힘겨운 삶도
번뇌를 내려놓고
자비와 지혜를 깨우면

참선의 길도
오늘보다 내일을 깨우는
중생의 마음 아닌지요

수행의 길(1)

나른한 오후
거리에 바람 불면
이내마음 열릴까

풍경소리 들으며
산사를 깨우는
속세의 아우성들

수행의 첫걸음도
엉킨 실타래 풀어
허공에 날려 보내고

먼 길의 인연도
자연의 순리 지키며
제자리 찾아가는 길

속세의 짐 내려놓으니
세상은 불국의 정토
극락세계 인 것을

편안히 오시라

임이시여!
뉘라서 막으리오.
언제라도 오시라

괴로움도
즐거움도
잊어버리고 오시라

변화무상한 계절
조석으로 불어오는 바람도
당신이 맞이하고 오시라

무거운 짐들
산 밑에 묻어두고
정상까지 가볍게 오시라

오늘 하루도
당신께 감사하고
하루를 마감하려니

인생

오가는 계절 넘어
하루가 빠르고
한해가 바람에 밀려간다

삶이 그러하듯
사랑 없이 살수 없고
고난과 역경도 있기 마련

능력이 부족하면
노력을 배로 해야지
빼꾸기 같이 살지 말자

인생도 산전수전
한 송이 꽃이
마지못해 피는 꽃은 없다

머지않은 곳에
아름답고 소중한 행복도
인고의 시간위에 피는 것을……

삶의 향기

당신의 향기도
삶의 터전을 떠나봐야
인생의 참 향기 느끼듯

배려하지 못하고
인내한 시간의 보상도
무심한 삶의 그림자

향수보다 더 진한
이미지에서 표출된
올곧은 아름다움

인생의 깊이만큼
참모습 위에 그려진
당신의 맑고 고운향기

유월의 하늘아래

담장 넘어 고개 내민
유월의 장미 자태도
그냥 피어난 것이 없듯

숭고한 희생정신위에
선혈의 초석 놓고
세워진 대한민국

유월의 하늘아래
고난과 역경 딛고
피어난 이름 없는 풀꽃

계곡과 능선 따라
비바람 몰아쳐
구천에 떠도는 영혼

잊어서는 안 된다
과거의 역사도
후손위한 교훈되어야

청산에서 만나자

늘 푸른 솔아
민족의 얼이 키운
우리들의 대왕골 정기

훤출한 키 고운자태
온 산야를 뒤덮은
한 맥의 지류 보광산

견우와 직녀가 만나듯
매년 유월 어느 날
우린 그렇게 만났네.

꽃잎 진 자리마다
화사한 동지인의 웃음에도
알알이 꿈도 영글어

한편의 영화처럼
겁의 인연으로
소중히 간직하려니

*보광산 : 2017. 6월 동지인 합동산행지
충북괴산 소수면 소암리 소재

어머니 목소리

사립문 열면
오가는 골목길은
기다림의 공간

누군가 오간 흔적들
늘 새롭게
이야기를 만들어 간다

우편집배원도
이웃집 친구도
그중에 어머니 목소리도

그리움의 시간이 몰려오면
난 지금도 당신을 생각하며
기다려 봅니다

어머니
어머니
그리운 어머니……

한편의 시

커피 한잔 속에
우주가 녹아들고
마음도 젖어든다

미지의 만남이 있고
삶의 공간이 있는
나만의 세상 이야기

외면의 나와
내면의 내가
하나 된 생각

계절 오가며
담쟁이 삶이 그렇고
나의 삶이 그러하듯

자연과 내가 하나 될 때
오늘도 나의 마음 담아
캠퍼스 위에 펼쳐놓는다

통영의 아침

삶의 터전위에
뭇 생명들의 아픔도
꿈을 잃지 않듯

말라버린 개울
깔딱 고개 하나 없는
산이 있을까만

비탈길 땀방울 적시며
깎아지른 절벽에도
통영의 아침을 맞는다

지리망산 중턱에
달그림자 지면
너울 하나 그려놓고

세월은 말하네
정상에서 만나
마음하나 묻고 간다고……

*2017. 6 재경장기 산악회 산행지 통영 사량도 지리산에서

천상의 대화

마음하나 잡자고
스스로 깨우친
너와 나의 약속

침묵이 흐르고
천상의 소리가
나를 깨운다

힘들고 좌절할 때도
나에게 말을 건넨다
"잘하고 있다"고

힘겨운 시간도 순간
태풍이 지나가고 나면
고요함 찾아오듯

음악에도 선율이 있듯
삶은 언제나 굴곡
높고 낮음이 있을 뿐이더라.

애태운 장마

가뭄에 단비라도
내렸으면 하는 마음도
엊그제 같은데

하늘에 구멍이라도 났나
쉼 없이 쏟아지고
곳곳이 아우성이다

과하면 모자람보다 못한 것
한때의 바램도
욕심이 지나쳤나

덧없는 세월도
지나고 나면
그때가 좋았다고 할지

그래 올 테면 한 달 내내 오렴
영원한 것도 없으니
현재를 즐기며 살자

기다림

오늘 할 일이 있고
내일의 꿈이 있기에
늘 행복한 삶

여름이 지나면 가을이 오듯
오늘이 즐거운 것도
내일의 기다림이 있어서다

자연에 기대여
땅의 속성 알기에
거짓 없는 마음

미련이 남을지라도
누군가를 사랑할 수 있음에
늘 감사하자

긴 기다림의 끝은
바램으로 영글어
내일의 희망 안겨주려니

매미의 운명

멀지도 가깝지도 않는 거리
흐릿하지만 익숙한 음률
고시오시♩♬ 고시오시♪♬

한해 한번
먼 길 돌아온
매미의 운명

기구한 운명도
어미가 그랬듯이
그렇게 한평생 살아가겠지

어이하랴
내가 도와줄 수 없으니
그것이 너의 운명

밤낮 울어 봐도
짧은 시간의 만남도
너와나의 운명인 것을……

*고시오시 : 애매미의 울음소리

집착의 그늘

인간이 태어난 곳도
어머니의 양수처럼
물은 생명의 원천

만물이 자라나는
필요한 자양분이
물속에 녹아있다

자연속의 생명도
무에서 유를 창조하듯
논리를 엮어가고

물은 천의 얼굴
밑그림을 그리듯
모태의 자극일지

논리적인 비약이
창작의 늪에 빠지면
헤어날 수 없는 집착

도시의 두 얼굴

도시의 건너편에
추억이 묻혀있는
솔향기 가득한 고향

풀벌레 소리 들으며
밤낮 하나 된 모습이
지난날을 얘기한다

돈의 노예가 된 체
하이에나의 울부짖음도
잠 못 드는 밤의 무대

잃어버린 별들
떠나가 버린 친구들
영혼 없는 삶

고단한 하루가
미로 속 삶 찾아 헤매는
도시의 두 얼굴

승무

민머리에 고깔선 승려
백팔번뇌 되뇌며
깃털처럼 가벼운 몸짓

한 마리 학이 되어
안개 속 빙원을 날다
살며시 날개를 접는다

가느린 선율 튕기듯
한 마리 나비되어
길게 뻗은 날갯짓

정적위에 음률도
동적인 율동도
매섭기도 하련만

둥둥 두둥실
얼- 쑤
한결 가벼운 몸짓

갈등의 밑그림

자연은 말을 걸어와
듣지 못하고 보지 못하는
나를 일으켜 세운다

사고의식이 다르고
현실과 이상이 다르니
어떻게 접근해야 할지

오만과 교만도
그 속에 자란 독설도
살아가는 삶의 논리

사고의 영역도
현실을 외면한
나만의 이상의 길

살아가는 존재감도
갈등의 밑그림 속에
현답을 찾을 수 있을지

느티나무 한 그루

산전수전 한곳 지키며
한그루 나무로 살아온
느티나무의 마음 알까

사시사철 꿈을 꾸고
쉼터 만들어
세월을 이야기 한다

오가는 이도
꿈을 꾸고, 얘기 나누며
쉬어갈 수 있도록

높고 길게 뻗어
넓은 공간 채우는
추억이 있는 장소

한평생 등산객 맞으며
쉬어갈수 있도록
쉼터 제공하는 느티나무

* 느티나무 : 송파구 마천동소재 남한산성 입구 만남의 장소

그곳에 가면

계절이 바뀌고
황혼이 찾아들면
가슴에 남은 그리움

그곳에 가면
추억들이 그리움 되어
지울 수 없는 인연들

흐르고 흐르는 물도
고향 찾아 가건만
지울 수 없는 그리움

임 향한 마음 그러하니
가슴속 스며드는
애틋한 고향의 향수

세월이 흐른다고
삶에 찌들어 간다고
추억마저 잊히리오.

*2017. 7월 재경장기산악회 정기산행
구름산 넘어 광명동굴에서

새벽안개

간밤 꿈속에서 보았네.
호숫가에 널브러진
능수버들의 모습

다가서면 멀어지고
잡아도 잡을 수 없는
그리운 날의 꿈들

실오라기 걸치고
맴돌다 지쳐버린
호수 위 싸늘한 그림자

새벽안개 걷히면
너와나의 거리만큼
감추어진 비밀의 공간

누군가 찾아와 물어도
모르는 체 사라져버린
미로의 길 "새벽안개"

전원의 별밤

해는 저물고
정적이 찾아들어
빈 여백채운 별밤

못 다한 일들은
하루를 접어
허공에 불을 밝힌다

삶이 다 그러하듯
짧고 긴 것은
마음속에 있나니

이 밤도 별 속에
잊혀질 날의 기억들
별 하나에 새기며

서두르지 말고 가자
새로운 내일을 꿈꾸며
잠을 청해본다

생사의 길

하늘과 땅 사이
존재하는 모든 것
생과 사의 갈림길

웃음과 울음도
생존경쟁의 부산물
그 속에 삶이 영글어간다

살아가는 것이 그러하듯
흔들리지 않고
자라는 것이 있으랴

탄생의 기쁨도
삶의 아픔도
살아가는 과정일 뿐

이유 없는 무덤 없듯
다들 그렇게 살아가며
이야기를 만들어간다

이명(耳鳴)

장마가 물러가고
폭염 속에도
풀벌레소리가 들린다

조석이 깨운
계절의 변화일지
매미소리 넘어 풀벌레소리

잠들지 않고
고저도 없이 울어주는
울음소리의 정체

정적이 찾아들면
이제는 너의 소리마저
그리운 시간

이보시게! 들리는가?
가을 소식을 전해주는
귀뚜라미 울음소리를……

어부의 바다

달의 시간에 맞춰
어부의 마음 움직이는
삶의 바다

물때 따라 움직이는
고기떼의 움직임도
어부의 일상

삶의 터전도
계절의 파고들이
쉼 없이 넘나들고

멸치들의 무도회장
초청하지 않아도
찾아드는 먹이사슬

망망대해 후리그물
물고기들의 놀이터
어부도 자맥질 한다

삶의 순리

세상은 맑고 깨끗하다
양지쪽도 음지쪽도
삶을 이어가는 생명들

가뭄에도 장마에도
삶은 언제나
묵묵히 기다려 주는 것

받아들어야 할 때
버려야 할 때를 아는
너는 자연의 순리

누가 누구를 탓하랴
세상은 음양의 조화
자연에서 배워야하는 것을……

라오스의 밤

먼 이국땅
천둥소리가 새벽을 깨우는
라오스 비엔티안

낯선 문화와 맞서며
육신은 지쳐가도
알 수 없는 묵언수행

싸바이 디, 컵자이 더
방비엔 야시장 누비며
하이에나 눈빛으로 바라본다

메콩 강 건너 태국의 불빛
정치적 이합집산이
갈라놓은 강줄기

반백년 전 우리들 모습
세월의 무게 넘나들며
추억의 웃음꽃 피워보네

*재경 구운초 20회 추억나들이 라오스 비엔티안, 방비엔

이국땅의 추억

떠가는 흰 구름도
바람에 밀려가는
그리웠던 지난시절

잔디위에 홀로앉아
삶이 무언지, 인생이 무언지
흑백사진위에 펼쳐본다

지천에 널린 과일
자연과 함께 숨쉬는
열대야의 밤거리

비엔티안 추억담아
기억 더듬어 보지만
잊힌 먼 날의 이야기

라오스의 날씨처럼
변함없는 우정으로
멀리보고 함께 가세

*라오스 비엔티안의 야시장에서

순례자의 길(2)

신은 존재하는가?
맑은 정신에 볼 수 없는
파편과 같은 존재

혼미한 정신세계가
허상으로 보고 느낀 것이
신의 영역은 아닐지

나약한 인간의 세상
틈새를 파고드는 믿음도
그 영역의 한 부분

순례자의 길 걸으며
나약해진 인간의 참모습
한 가닥 신의 영역

고통 속에 핀
자유로운 영혼의 세계
그 길이 순례자의 길

*2018년 5월 27일 재경장기산악회
충남 예산 덕숭산 수덕사에서

수행의 길(2)

누가 쉽다고 했나
습관을 비운다는 것
맨발로 가시밭을 걷는 것

수행의 길도
아픔과 고통도
비움으로 가는 길

본디 뿌리내려
쌓아올린 돌탑의 자존심
바람 앞에 촛불

외길 걸으며
앞만 보고 걸어온 삶
무엇을 채우련만

덧없는 세월 앞에
물 흐르듯 살아가는 것이
습관을 버리는 지름길

마음의 착시

한순간의 사고가
보는 것도, 보여 지는 것도
다 마음의 착시

한곳에 몰두하다보면
상황인식은 무너지고
중요한 것 놓칠 수 있으니

보는 것이 다가 아니고
보이지 않은 그 무엇이
마음을 아프게 한다

무엇을 얻고
무엇을 버릴지는
자기만의 선택

언어의 유희도
합리화 될 수 있어도
진실은 숨길 수 없겠지

방랑의 세월

하늘과 땅 사이
뭇 생명들의 삶도
자유로운 영혼을 꿈꾼다

인간도 빈손으로 왔다
빈손으로 가는 것
오늘이 그렇고 내일이 그렇다

세상은 공짜가 없듯
욕심하나가 삶을 옥죄고
흥하고 망하는 것

현실을 직시하지 못하고
앞만 보고 달려온 지금
그것 또한 고통이었네

물이 흘러가듯
순리와 질서가 있었다면
방랑의 세월은 없으리.

그 겨울의 약속

감춰진 마음에도
햇살은 비출지
가버린 날이 시리다

아직도 생각해 줄까
사랑이 뭔지도 모르면서
누구를 기다리는 나

안목항 불빛아래서
홀로 걷는 심정
지난 추억도 갈색추억

약속도 헌신짝
거리에 나뒹굴어도
무어라 변명할지

그래 붙잡지는 말자
그 길도 길이려니
그 겨울의 약속처럼

그러려니 하자

겨울이 왔다고
최고로 춥다고
뭐 그리 호들갑 떠는지

계절이 바뀐다고
한해가 갔다고
뭐 그리 바뀐 것도 없는데

한해두해 가고
달라진 것이 나잇살인가
이러다 날 데리러 오면

백세인생 가락 암송하며
아직도 할 일이 남아
못 간다고 전할까

늙는다는 것도
살고 죽는 것도
나의 영역 아니라오.

고향 바닷가

걸어서 한 시간 남짓
길게 뻗은 대진리 모래사장
그곳엔 추억이 있다

수영포와 진돌개 사이
후리그물이 있고
멸치 건조장이 있다

그 시절 기억 더듬어
찾아간 모래사장도
진돌개의 낚시터도

먼 날의 기억들이
가물가물 그려도
추억만은 남아있다

수영산 진달래피면
지난 이야기 안주삼아
너를 다시 만나고 싶다

홀로 가는 길

마음하나 붙잡자고
욕심 부린다면
삶의 노예가 될 뿐

어차피 빈손으로 왔다
빈손으로 가는 인생
뭐 욕심 있겠냐만

세월한편에 새긴
이름 석 자 묘비에
술 한 잔 따라주면 그만이지

홀로 왔다 홀로 가는 길
그리움이야 없겠냐만
한길로 걸어왔다

고행도 비움이요 쉼이니
자유로운 영혼으로
방랑객 되어 떠나려니

늦게 피는 꽃

마음하나 붙잡자고
매달릴 때는 언제고
이제 와서 돌아서리오

무심하다 말하지 마오
무너진 돌다리가
왜 무너졌는지

굽이굽이 아흔아홉 구비
돌고 돌다 현기증 나도
멈춤은 죽음이란 걸

좌충우돌 보낸 시간
얼룩진 밑그림도
마지막이 중요하려니

인생의 삶도
우여곡절 속에 피는 꽃
그날위해 살아가려니

나이테 하나

초췌해진 모습
지친하루 햇살도
서녘 향해 붉게 물들고

세월의 무게도
수레바퀴는 삐걱삐걱
쇳소리 내며 굴러간다

남겨놓은 미련들
뼈마디 마디마다
얼굴에 주름만 늘어

선홍빛 노을에
물 흐르듯
피할 수 없는 세월의 강

순백의 세상맛보고
새싹이 돋아나면
속절없이 나이테 남기리.

여성의 두 얼굴

여자는 약해도
엄마가 강한 것은
자식이 있어서 일거다

여자는 사랑받기위해
엄마는 사랑을 베풀기 위해
살아가는 것일지

굶주림도 참아가며
아낌없이 내어주는
자식위한 엄마의 모성애

기둥과 벽
대들보와 서까래도
한 가족의 연결고리

가족이란 이런 것인지
지워져가는 현실 앞에
안타갑기만 하다

편집 후기

▶방랑객시선 10집 갈무리하며

방랑객시선10집 갈무리하며
글을 쓰는 작가이기에
오만과 집착은 없었는지

글쓰기를 좋아했기에
휴지통에서 짧은 생을 마감하는
슬픈 운명은 아니었는지

어느 날 옷깃 스친 바람이
홀연히 사라져가는 인연일지라도
아픔이 되지 않기를……

오랜 세월 인연 유지하고
허물도 감싸주는
진실함을 나누게 해 주시고

새해에도 좋은 인연으로
길을 잃어도 용기를 주시고
희망을 꿈꾸게 해 주소서

한해의 아쉬움도
아픔까지 사랑할 수 있다면
한여름 땡볕 가마솥더위쯤이야

나는 간다. 길이 없더라도
그곳이 어디든 새 길 만들어
마음이 닿을 수 있다면 가리다

후회란 때늦은 것이라도
너와 나의 약속 지키기 위해
한눈팔지 않고 달려왔다

속세의 아픔도
한 가닥 나의 운명이려니
그 끝 찾아 가리다

붓의 부드러움도
꺾을 수는 없다지만
휘어질 뿐이라는 것을……

이제는 물 흐르듯
가다가다 용소 만나면
쉬었다 가려니

그대여!
쉼 없이 달려온 이 길이
쉽지만은 않았네.

자만하지도 않으리.
남은 여정 힘들지라도
그래도 가야한다

외로움과 고독이
앞을 가로막을지라도
독자가 있는 한

언젠가 그곳에 닿으리.
평범한 길보다 가시밭길이라도
앞만 보고 가리다

한편의 시가 되기 위해
자유로운 영혼으로 남아
창작의 나래 펼쳐 가려니

남한산성 방랑객
시선 10집을 갈무리 하면서……
서울 송파나루에서

작가 남한산성 방랑객
거암 김현철 드림

뜨락에 핀 민들레

인쇄일 : 2018년 9월 1일
발행일 : 2018년 9월 5일
글쓴이 : 김 현 철
khyun310@hanmail.net
발행인 : 이 형 중
발행처 : 도서출판 東 江
서울 성동구 성수2가 3동 277-7
제일인쇄조합빌딩 101호
T E L : 02)2277-0423
F A X : 02)2268-5391
E-mail: sjmj0423@hanmail.net

정가 12,000원